Chef Claudio E

La cucina italiana in 100 ricette

(Preparazioni semplici e veloci)

Titolo: La cucina italiana in 100 ricette

Autore: Claudio Esposito

INDICE

INTRODUZIONE

Nella mia carriera di chef, ho visto moltissime persone approcciarsi alla cucina per un periodo, piene di entusiasmo e voglia di fare.

Poi, dopo un po' di tentativi e difficoltà, mollavano e preferivano andare a un fast food.

Tutto questo fa un po' parte della mentalità deleteria del "voglio tutto e subito".

Complici gli innumerevoli programmi di cucina, è passata un po' l'idea che cucinare qualsiasi cosa sia semplice, una passeggiata: basta una lista di ingredienti e via.

Beh, mi dispiace ma non è così. Uno chef impiega anni di duro lavoro quotidiano per acquisire determinate capacità: non esiste qualcuno che abbia imparato a fare piatti complicati da un giorno all'altro.

Questo ricettario vuole quindi essere uno step di partenza, con ricette fattibili e con un basso quoziente di difficoltà.

Poi, se la passione continua, ci sarà tempo per farne di più complesse.

ANTIPASTI

Dischi di lenticchie e broccoli

Preparazione: 60 minuti

Difficoltà: facile

Dosi per 4 persone

Ingredienti

- 3 cucchiai d'olio
- 4 cipolle di Tropea
- 200g di lenticchie
- 2 cucchiai di rosmarino
- 1 cucchiaio di brodo vegetale in polvere
- 2 cucchiai di aceto balsamico
- 350g di sedano
- 350g di patate
- 2 x 160g di broccoli
- 50g di Parmigiano grattugiato

Preparazione

1

Scaldare l'olio in una padella antiaderente e soffriggere le cipolle fino a quando sono dorate. Mettete una pentola d'acqua piena a bollire. Versare le lenticchie, il rosmarino, il brodo e l'aceto balsamico nelle cipolle, versare 1 litro di acqua bollente e cuocere a fuoco lento per 40 minuti per ammorbidire le lenticchie.

2

Mettere metà dei broccoli per 2 minuti in una padella calda con un goccio d'olio senza farli ammollare troppo.

3

Mettere le lenticchie in quattro piatti con un coppapasta, e spargere sopra il parmigiano grattugiato. Ricoprirle con la salsa e mettere in forno con funzione *grill* a 200 gradi per circa 10 minuti. Servire con gli spinaci.

Parmigiana di melanzane

Cottura: 1 ora

Difficoltà: facile

Dosi per 2 persone

Ingredienti

- 2 melanzane di media grandezza
- 350gr di polpa di pomodoro
- 250 grammi di mozzarella di bufala (o vaccina)
- 40g di parmigiano grattugiato
- 10 foglie di basilico

Preparazione

Scaldare il forno a 200 gradi circa.

Lavare e tagliare a fette le melanzane e disporle in una pirofila, facendo un piccolo foro al centro di ciascuna.

Mettere sopra abbondante olio d'oliva.

Cuocere in forno per circa 50 minuti fin quando si sono asciugate. Mettere la polpa di pomodoro in un recipiente e condire con olio, sale, pepe e basilico. Versate il pomodoro sulle melanzane e la mozzarella fatta a fettine, avendo cura di distribuire tutto bene per la teglia, e per finire una spolverata di parmigiano.

Rimettere in forno e lasciarle per circa 10 minuti fin quando la mozzarella non sarà filante. Servire molto calda come da tradizione

Panzanella

Cottura: 40 minuti

Difficoltà: media

Dosi per 4-6 persone

Ingredienti

- 1kg di pomodori maturi
- 300g di pane raffermo
- 100ml di olio extravergine d'oliva
- 2 scalogni
- 50 g di acciughe in scatola
- 100g di olive nere
- 10 foglie di basilico

Preparazione

1

Scaldare il forno a 200 gradi. Mettere i pomodori in una ciotola e cospargere con 1 cucchiaio di sale, poi lasciare riposare per 15 minuti.

2

Spargere uniformemente i pezzi di pane su una teglia da forno e condirli con abbondante olio e aglio. Mettere in forno per circa 15 minuti fino a vedere una leggera tostatura.

3

Tritare lo scalogno e le olive, cospargere con abbondante olio. Mischiare I pomodori, le acciughe precedentemente tritate, le olive, lo scalogno e il basilico. Aggiungere olio e pepe.

Spezzettare il pane a piccoli pezzi, mischiare con tutto il resto.

Servire con le restanti foglioline di basilico.

Gratin di funghi, patate e guanciale

Cottura: 3 ore

Difficoltà: media

Ingredienti per 4 persone

- 6 spicchi d'aglio
- 1 cipolla
- 3 rametti di timo
- 700 ml di panna
- 700ml di latte intero
- 250g di guanciale a cubetti
- 60g di burro
- 250g di funghi (chiodini o porcini)
  1 kg di patate

Preparazione

1

Mettere gli spicchi d'aglio, la cipolla, il timo, la panna e il latte in una padella. Portare a ebollizione a fuoco basso, coprire con un coperchio e cuocere per 30 minuti fino a quando il composto si è addensato.

2

Togliere I rimasugli di erbe. Mettere I cubetti di guanciale in una padella e cuocere fin quando non avrà sudato, ossia il grasso non si sarà sciolto.

Aggiungere il burro e I funghi e alzare la fiamma per friggerli.

3

Affettare le patate molto sottili lasciando la buccia. Ungere una teglia da forno con un po' di burro. Mettere le patate a strati, spargendovi sopra un po' di guanciale, i funghi e un po' pepe. Finire versandoci sopra la panna facendo attenzione a farla colare su tutti gli strati, e coprire con una foglia di alluminio.

4

Scaldate il forno a 200 gradi. Cuocete il gratin per 1 ora, poi togliete la pellicola e cuocete per un'altra ora o fin quando in cima non avrà fatto una crosticina. Lasciare riposare e servire.

Focaccine alle olive

Cottura: 30 minuti

Difficoltà: facile

Ingredienti per 6 persone:

- 400g di farina
- 1 cucchiaio di lievito
- 1 cucchiaino di sale
- 60g di burro
- 5 cucchiai di olio d'oliva extravergine
- 8 pomodori secchi
- 150g di taleggio a cubetti
- 20 olive nere, snocciolate e dimezzate
- 400 ml di latte intero
- 1 uovo sbattuto

Preparazione

1

Riscaldare il forno a 200 gradi.

Imburrare una teglia. In una ciotola impastare farina, lievito e sale.

Inserire burro, olio, pomodori, formaggio e olive. Al centro inserire il latte e mescolare con un movimento circolare fino a far diventare tutto un grande impasto colloso.

2

Infarinare le mani e il pianale di lavoro e dare all'impasto la forma di un cerchio di circa 4 centimetri di spessore. Tagliare in sei fette e disporli ben distanziati sulla teglia.

Spennellare con l'uovo sbattuto e cuocere per 15-20 minuti fino a quando sono lievitati. Trasferire su una griglia e coprire con una carta da forno.

Frittata al formaggio

Cottura: 15 minuti

Difficoltà: facile

Ingredienti per 1 persona:

- 3 cucchiai di olio d'oliva
- 4 uova sbattute
- 50 grammi di formaggio di capra
- 1 cucchiaio di erba cipollina
- Sale e pepe qb

Preparazione

1

Scaldare l'olio d'oliva in una grande padella. Versare le uova nella padella, le quali si rassoderanno subito.

2

Sollevare i bordi cotti dell'omelette con una spatola e inclinare la padella in modo che l'uovo crudo si giri. Fare molta attenzione durante questo passaggio.

Proseguire la cottura, sollevando i bordi e inclinando la padella, fino a quando l'omelette è quasi uniforme.
Togliere dal fuoco e spennellare con l'uovo sulla parte superiore.

3

Cospargere l'omelette col formaggio di capra, l'erba cipollina, sale e pepe. Sollevare un bordo e ripiegare l'omelette al centro sopra il formaggio e l'erba cipollina, piegare poi l'altra parte fino a coprire tutto il condimento.
Servire con un pizzico di erba cipollina o altre spezie a piacere.

Zucchine ripiene

Cottura: 40 minuti

Difficoltà: facile

Dosi per 4 persone

Ingredienti

- 8 zucchine, tagliate in due
- 8 cucchiai di olio extravergine d'oliva
- 100g di pangrattato
- 50g di mandorle
- 10 scalogni
- 1 spicchio d'aglio
- 8 pomodori secchi
- 8 sottilette
- 3 foglie d'alloro
- 50grammi di parmigiano

Metodo

1

Scaldare il forno a 200 gradi.

Disporre le zucchine in un singolo strato in una pirofila poco profonda, con il lato tagliato verso l'alto. Spennellare con 1 cucchiaio di olio e cuocere per 20 minuti.

2

Per il ripieno, tagliare a pezzettini le mandorle, gli scalogni, I pomodori secchi e mescolare tutti gli ingredienti in un'insalatiera.

3

Versare il ripieno sopra le zucchine e bagnare con l'olio d'oliva rimanente. Infornare per altri 15 minuti, fin quando non ci sarà una crosticina in superficie.

Insalata all'italiana

Preparazione: 15 minuti

Difficoltà: facile

Dosi per 8 persone

Ingredienti:

- 400g di fagioli borlotti
- 200g di pomodorini
- 4 acciughe
- 10 gr di capperi
- 20 olive nere
- 10 foglie di basilico

Metodo

1

Cuocere i fagioli in acqua bollente salata fino a quando sono croccanti ma non hanno perso consistenza.

Scolarli e condirli con abbondante olio, sale e pepe.

2

In una ciotola mischiare la acciughe sminuzzate, I capperi e le olive. Mescolare il tutto e servire.

Salsiccia e friarielli

Preparazione: 20 minuti
Difficoltà: facile

Porzioni: 4
Ingredienti

- 4 salsicce
- 80 grammi di friarielli in barattolo
- 1 cipolla
- 1 spicchio d'aglio
- Peperoncino
- Olio qb
- Pepe qb

Metodo

1
Privare la salsiccia del budello.
Scaldare tre cucchiai di olio di oliva in una padella e far saltare dentro le salsiccie fin quando non saranno scurite completamente.

2
In una padella far rosolare l'aglio in un po' d'olio e il peperoncino: quando l'aglio sarà dorato, togliere dalla padella.

Aggiungere I friarielli e farli saltare per cinque minuti.
Poi aggiungere la salsiccia, far saltare tutto assieme per due minuti e cospargere di pepe.

Crocchette di riso

Preparazione: 1 ora e mezza
Difficoltà: media

Porzioni: 5
Ingredienti

- 100 grammi di carne di maiale
- 100 grammi di mortadella
- 100 grammi di carne di manzo
- 5 tazze di acqua salata
- 300 grammi di riso bianco
- 50 grammi di parmigiano
- 30 grammi di pangrattato secco
- 4 uova
- 4 cucchiai di prezzemolo
- Sale qb
- 1 tazza di pangrattato secco per il rivestimento
- Olio d'oliva qb

Metodo
1
Unire il maiale, la mortadella e il manzo in una padella con un filo d'olio e cuocere a fuoco lento per mezz'ora.

2

Far bollire l'acqua e versare il riso, poi ridurre la fiamma e far cuocere il riso a fuoco lento per mezz'ora.

3

Mettere il riso pronto su una teglia da forno a raffreddare per 10 minuti. Poi mettere il riso in una grande zuppiera. State attenti a non farlo incollare.

4

Mischiare la carne, il parmigiano grattugiato, le uova, il prezzemolo, il sale e il pepe macinato. Mettere in frigo per due ore coperto con una pellicola.

5

Togliere dal frigo il riso e modellare delle sfere di riso di circa 5 centimetri, poi passarle nel pangrattato.

6

Mettere le crocchette in una padella a fuoco alto con abbondante olio, e lasciarle cuocere per circa 10 minuti. Poi mettere un foglio di carta da cucina in un piatto e far assorbire l'olio.

Pomodori, pipi e patate

Preparazione: 1 ora

Difficoltà: media

Dosi per 6 porzioni

Ingredienti

- 10 cucchiai di olio d'oliva
- 1 cipolla grande, tritata finemente
- 40 grammi di sedano
- 6 carote
- 4 peperoni
- 4 pomodori
- 3 patate
- 2 cucchiai di passata di pomodoro
- 2 lattine da 400 g di pomodori tritati
- 2 foglie di alloro

Metodo

1

Scaldare l'olio in una padella con l'aglio fino a doratura

Soffriggere la cipolla, il sedano e le carote per 15 minuti, poi aggiungere i peperoni e continuare per 10 minuti.

2

Aggiungere I pomodori, la passata di pomodoro I pomodori tritati e le patate tagliate a fette. Aggiungere pepe e cuocere per mezz'ora.

Versare in una zuppiera, condire con ulteriore olio e ulteriore pepe.

Panino con salsiccia e formaggio

Preparazione: 10 minuti

Difficoltà: facile

Dosi per 1 persona

Ingredienti

- 2 salsicce tagliate a metà
- 1 panino al latte
- 50 grammi di fontina
- 1 peperone arrosto
- 1 cipolla

Metodo

1

Riscaldare la griglia.

Mettere le salsicce su una teglia con l'apertura verso il basso e grigliare per 5 minuti, fin quando non avranno una crosta bruciacchiata.

Mettere il pane tagliato a fette in una padella e far andare per qualche minuti, fin quando non sarà abbrustolito. Spalmare con aglio.

2

Mettere due fette di fontina su ogni fetta di pane. Aggiungere le salsicce.

Pizza al prosciutto

Preparazione: 40 minuti

Difficoltà: media

Dose per 4 persone

Ingredienti:

Per la pasta della pizza

- 800g di farina 00
- 2 cucchiaino di lievito secco
- 2 cucchiaino di zucchero
- Cinque cucchiai di olio d'oliva
- 100ml di salsa di pomodoro
- 1 spicchio d'aglio schiacciato

Per il condimento

- 400g di mozzarella
- 12 fette di prosciutto cotto

Metodo

1

Mettere la farina, il lievito in una grande ciotola. 200 ml di acqua fredda e 200ml di acqua bollente in una brocca e mescolare. Aggiungere l'olio e 1 cucchiaino di sale all'acqua calda, poi versarla sulla farina. Lavorate l'impasto fin quando non sarà morbido.

2

Lavorare l'impasto per 15 minuti con un po' di farina. Rimetterlo nella ciotola e coprirlo con un foglio. Lasciare lievitare in un luogo caldo per 1 ora.

3

Scaldate il forno a 200 gradi e mettete una teglia. Una volta che l'impasto è lievitato, ribaltare e rifare il procedimento con la farina.

4

Versare gli ingredienti per la salsa di pomodoro in una ciotola, condite con sale, pepe e mescolare bene.

5

Mettere la base per le pizze in una teglia. Versare sopra quattro cucchiai di salsa di pomodoro e la mozzarella. Cuocere per 15 minuti

6

Tirare fuori la pizza e mettere le fette di prosciutto sopra la mozzarella.

Polpettine di pollo

Preparazione: 40 minuti
Difficoltà: facile
Porzioni: 6
Ingredienti

- 1kg di trita di pollo
- 50gr di pangrattato
- 30gr di parmigiano
- 1 cucchiaio di timo
- 1 cucchiaio di origano
- 2 cucchiai di rosmarino
- 30gr di salsa di pomodoro
- Sale e pepe qb

Metodo
1

Scaldare il forno a 200 gradi.

2

In una ciotola, mischiare gli ingredienti (tranne il pomodoro) e cercare di formare delle palline.

Mettetele su una teglia da forno. Cuocere circa 20 minuti o controllando l'interno della polpetta per vedere il grado di cottura

3

In una padella far andare uno spicchio d'aglio, farlo dorare, toglierlo e versare il pomodoro. Farlo restringere e poi condirlo con un po' d'origano.

4

Tirar fuori le polpette dal forno e condirle con la salsa al pomodoro.

PRIMI PIATTI

Spaghetti ai frutti di mare

Preparazione: 30 minuti

Difficoltà: facile

Porzioni: 2

Ingredienti

- 5 cucchiai di oliod'oliva
- 1cipolla
- 400gr di spaghetti
- 40gr di cozze
- 40gr di vongole
- 40gr di gamberetti
- 10gr di prezzemolo

Metodo

1

Scaldare l'olio in una grande padella, poi dorare la cipolla a fuoco medio per 5 minuti.

Aggiungere I frutti di mare precedenti lavati e de-sabbiati: prima le cozze e le vongole sfumate col vino bianco, poi, una volta che si sono aperte, I gamberetti.

2

In una pentola di acqua bollente versare gli spaghetti. Cuocerli per circa 5 minuti, poi scolarli direttamente nella padella e continuare la cottura per altri 3 minuti, versando un po' di acqua di cottura.

3

Servire guarnendo con prezzemolo tritato e pepe.

Risotto zucchine e pancetta

Preparazione: 40 min

Difficoltà: media

Dosi per 2 persone

Ingredienti

- 70gr di burro
- 1 cipolla piccola, tagliata a dadini
- 300g di riso Arborio o Carnaroli
- 500ml di brodo vegetale
- 2 zucchine a rondelle
- 40gr di pancetta a cubetti
- 50gr di parmigiano per mantecare

Metodo

1

Mettere il burro in una grande padella a fuoco medio. Aggiungere la cipolla e far dorare per 5 minuti finché non si ammorbidisce.

Versare il riso e farlo tostare per circa 5 minuti, in modo da aiutare la successiva cottura.

2

Versare il brodo vegetale bollente poco alla volta, continuando a mescolare finché il liquido non viene assorbito.

3

Versare le zucchine e la pancetta e cuocere per circa 5 minuti. Togliere il riso dal fuoco e spolverarlo di parmigiano per farlo mantecare.

Risotto ai funghi

Preparazione: 1 ora

Difficoltà: media

Dosi per 4 persone

Ingredienti

- 75g di burro
- 1 scalogno
- 200g di funghi porcini
- 300g di riso carnaroli
- 100 ml di vino bianco
- 500ml di brodo vegetale
- 20 gr di prezzemolo
- 50 gr di parmigiano

Metodo

1

Scaldare il burro in un pentolino. Aggiungere la cipolla e farla dorare per 4 minuti. Aggiungere il riso e farlo tostare.

2

Aggiungere I funghi. Versate il vino e mescolate lentamente fin quando non sarà evaporato.

3

Ridurre a fuoco dolce. Versare il brodo vegetale poco e a poco e continuare a mescolare. Fatelo per una ventina di volte fin quando I funghi e il riso non saranno densi e cremosi.

4

Spegnete il fuoco, aggiungete il parmigiano e il basilico e lasciate mantecare per due minuti.

Spaghetti alla carbonara

Preparazione: 20 minuti

Difficoltà: facile

Dosi per 2 persone

Ingredienti

- 100g di guanciale
- 1000g di pecorino
- 3 uova grandi
- 300g di spaghetti
- Pepe

Metodo

1

Mettete una grande pentola d'acqua a bollire. Tagliate il guanciale a cubetti e farlo sciogliere in una padella senza olio.

2

Sbattere le 3 uova grandi in una ciotola, unirvi il pecorino grattugiato e il pepe fin quando non diventa un composto pastoso.

3

Calate gli spaghetti nell'acqua bollente.

4

Quando gli spaghetti saranno cotti, versarli nella padella del guanciale e mischiarli per un minuto per far attaccare il grasso.

5

Spegnete il fuoco. Versate le uova e il formaggio e mischiate lentamente, in modo da non fare una frittata. Aggiungete un mestolo di acqua di cottura per renderli più cremosi.

Pasta al pesto

Preparazione: 30 minuti

Difficoltà: facile

Dosi per 3 persone

Ingredienti

- 300gr di spaghetti
- 60g di pinoli
- 100g di basilico
- 50 g di pecorino romano
- 200ml di olio extravergine d'oliva
- 2 spicchi d'aglio
- Pepe qb

Metodo

1

Prendere un mortaio.

Versare l'aglio, il sale e il pepe e batteteli. Poi versare le foglie di basilico e battetele a lungo, aggiungendo ogni tanto un filo d'olio.

Versate I pinoli e seguite lo stesso procedimento.

Dopo versate il pecorino e ulteriore olio.

2

In una pentola di acqua bollente e salata versate gli spaghetti. A cottura ultimata versateli in una zuppiera.

3

Mettete sopra il pesto e mischiate. Non riscaldarlo perché si ossida il basilico.

Lasagne

Preparazione: 2 ore
Difficoltà: media

Porzioni: 10 persone
Ingredienti

1 cipolla, tritata
250gr di pomodoro
200gr di carne trita
30 sfoglie per lasagne
2 uova grandi uova
1 tazza di latte

Metodo

1

Rosolare la cipolla in una padella. Aggiungere il pomodoro e cuocere per circa un'ora fino a farlo ridurre. Poi aggiungere la carne trita e cuocere per un'altra ora.

2

Mischiare la ricotta, l'uovo, il latte e 1 cucchiaino di timo in una ciotola.

3

Stendere il pomodoro sul fondo di una teglia.
Fare degli strati con la sfoglia di lasagna, la salsa di pomodoro, la carne trita e la ricotta.
Ripetere gli strati per 4 volte.

5

Mettere in forno e cuocere a 180 gradi per un'ora.

Pasta al pesto alla siciliana

Preparazione: 40 minuti

Difficoltà: facile

Dosi per 3 persone

Ingredienti

- 300gr di spaghetti
- 60g di pinoli
- 100g di ricotta
- 50gr di pomodori secchi
- 50 g di pecorino romano
- 200ml di olio extravergine d’oliva
- 2 spicchi d'aglio
- Pepe qb

Metodo

1

Prendere un mortaio.

Versare l’aglio, il sale e il pepe e batteteli. Poi versare I pomodori secchi e battetele a lungo, aggiungendo ogni tanto un filo d’olio.

Versate I pinoli e seguite lo stesso procedimento.

Dopo versate la ricotta, il pecorino e ulteriore olio.

2

In una pentola di acqua bollente e salata versate gli spaghetti. A cottura ultimata versateli in una zuppiera.

3

Mettete sopra il pesto e mischiate. Non riscaldarlo.

Pasta alla Puttanesca

Preparazione: 30 minuti

Difficoltà: facile

Dosi per 4 persone

Ingredienti

- 700 g di pomodorini
- 40gr di olio d'oliva
- 1 cipolla, tritata finemente
- 1 cucchiaio di peperoncino
- 1 cucchiaio di capperi salati
- 60g di olive nere denocciolate
- 5 filetti d'acciuga
- 400gr di spaghetti

Metodo

1

Mettere a bollire una pentola d’acqua e versare gli spaghetti.

2

In una padella versate l'olio, la cipolla e le acciughe sminuzzate. Fate saltare per due minuti, poi mettete I pomodorini.

2

Dopo dieci minuti di cottura versate anche I capperi e le olive.

3

Scolate gli spaghetti, versateli nella padella assieme a un cucchiaio di acqua di cottura. Saltate per due minuti e servite.

Gnudi toscani

Preparazione: 50 minuti

Difficoltà: facile

Dosi per 8 persone

Ingredienti

- 600g di spinaci,
- 600g di ricotta
- 100g di tuorli d'uovo
- 70g di pangrattato secco
- 70g di farina 00
- noce moscata
- 200gr di Parmigiano
- 50g di burro

Metodo

1

Cuocere gli spinaci per 5 minuti e lavare via il liquido in eccesso. Tagliare gli spinaci finemente. Mettere gli spinaci in una ciotola con la ricotta, i tuorli d'uovo, il pangrattato, la farina, una grattata di noce moscata e il parmigiano. Mescolare bene.

2

Fate 32 palle con le mani di questo composto. Metteteli in una teglia da forno e lasciateli raffreddare.

3

Portare ad ebollizione una grande pentola di acqua salata. Mettete gli gnudi nell'acqua e cuocere per 3 minuti. Scolateli in una padella con del burro fuso e servite spolverandoli di parmigiano.

Zuppa di fagioli

Preparazione: 30 minuti
Difficoltà: facile

Porzioni:4
Ingredienti

- 2 carote
- 1 cipolla grande
- 100gr di funghi chiodini
- 1 spicchio d'aglio
- 3 tazze di acqua
- 2 scatolette di fagioli borlotti
- 1 scatoletta di fagioli bianchi di Spagna
- 50ml di brodo vegetale
- Sale e pepe qb

Metodo

1

Versare cinque cucchiai d'olio in una padella. Far soffriggere la carota e la cipolla per 5 minuti, poi aggiungere I funghi e far andare per altri 15 minuti.

2

Versare l'acqua, i fagioli col liquido e il brodo vegetale. Portare a ebollizione, coprire la pentola con un coperchio e cuocete a fuoco lento per 20 minuti. Servire con pepe e prezzemolo.

Pasta con salsiccia e friarielli alla campana

Preparazione: 30 minuti

Difficoltà: facile

Dosi per 4 persone

Ingredienti

- 500g di spaghetti
- 200g di friarielli
- 5 cucchiai di olio extravergine d'oliva
- 1 spicchio d'aglio
- 30g di peperoncino
- 2 salsicce di maiale nero
- 20g di pecorino

Metodo

1

In una padella mettere l'olio, l'aglio, il peperoncino e I friarielli. Farli saltare per due minuti.

2

Aggiungere la salsiccia e farla insaporire, bucandola sulla superficie con una forchetta.

3

In una pentola d'acqua bollente mettete gli spaghetti. Quando saranno cotti, scolateli nella pentola e fate saltare il tutto per 4 minuti

4

Servite con le scaglie di pecorino.

Rigatoni broccoli e salsiccia

Preparazione: 30 minuti

Difficoltà: facile

Porzioni: 4

Ingredienti

- 500gr di rigatoni
- 100gr di salsiccia
- 1 cipolla
- 40gr di broccoli
- 10gr di parmigiano
- 2 cucchiai di prezzemolo
- Sale e pepe qb

Metodo
1

Mettete a bollire l'acqua in una pentola.
Cuocete I rigatoni al dente e tenete da parte una tazza di acqua di cottura.

2

Nel frattempo, mettete la cipolla in una padella con un filo d'olio, fate rosolare e buttate I broccoli a cuocere leggermente. Mettete un po' di acqua di cottura e coprite con un coperchio e fate cuocere per 10 minuti.

3

Dopo 10 minuti sollevate il coperchio e mettete dentro la salsiccia per un paio di minuti, magari meglio se la sbriciolate prima. Scolate la pasta, mettetela nella padella, fate cuocere per cinque minuti e servite.

Rigatoni broccoli e salsiccia

Preparazione: 30 minuti

Difficoltà: facile

Porzioni: 4

Ingredienti

- 500gr di rigatoni
- 100gr di salsiccia
- 1 cipolla
- 40gr di broccoli
- 10gr di parmigiano
- 2 cucchiai di prezzemolo
- Sale e pepe qb

Metodo

1

Mettete a bollire l'acqua in una pentola.

Cuocete I rigatoni al dente e tenete da parte una tazza di acqua di cottura.

2

Nel frattempo, mettete la cipolla in una padella con un filo d’olio, fate rosolare e buttate I broccoli a cuocere leggermente. Mettete un po’ di acqua di cottura e coprite con un coperchio e fate cuocere per 10 minuti.

3

Dopo 10 minuti sollevate il coperchio e mettete dentro la salsiccia per un paio di minuti. Scolate la pasta, mettetela nella padella, fate cuocere per cinque minuti e servite.

Risotto orzo e piselli

Preparazione: 40 minuti

Difficoltà: media

Dosi per 3 persone

Ingredienti

- 300gr di riso carnaroli
- 1 cipolla
- 2 spicchi d'aglio
- 100gr d'orzo
- 1 litro di brodo vegetale
- 100gr di piselli
- 1 cucchiaio di timo
- 50gr di burro
- 40gr di parmigiano

Metodo

1

In una pentola sciogliere il burro, far dorare la cipolla e versare il riso a tostare per 3-4 minuti.

2

Fate bollire carote, sedano e cipolle per fare il brodo vegetale. Un litro va bene. Aggiungete piano piano nella pentola e girate.

3

Quando il brodo sta per finire, aggiungere l'orzo e piselli e continuare a mescolare.

4

Dopo qualche minuto togliere il risotto dal fuoco e spolverare col parmigiano per mantecare. Servire dopo due minuti.

Fettuccine alfredo

Preparazione: 25 minuti

Difficoltà: facile

Dosi per 3 persone

Ingredienti

- 300gr di fettuccine
- 50g di burro
- 100g di parmigiano, grattugiato
- 50gr di panna
- 10gr erba cipollina

Metodo

1

In una pentola, versate la panna, il burro e il parmigiano e fate andare a fuoco lento per 5 minuti fin quando non formeranno una crema uniforme.

2

Fate bollire in una pentola due litri d'acqua e versate le fettuccine, facendo attenzione a non farle attaccare. Fate cuocere per tre minuti.

3

Versate le fettuccine nella padella assieme a un bicchiere di acqua di cottura. Fate cuocere per un altro minuto e servite.

Pasta al pesto di noci

Preparazione: 30 minuti

Difficoltà: facile

Dosi per 4 persone

Ingredienti

- 300gr di spaghetti
- 60g di noci
- 100g di ricotta
- 50 g di pecorino romano
- 200ml di olio extravergine d’oliva
- 2 spicchi d'aglio
- Pepe qb

Metodo

1

Prendere un mortaio.

Versare l’aglio, il sale e il pepe e batteteli. Poi versate le noci e battetele, aggiungendo ogni tanto un filo d’olio.

Dopo versate la ricotta, il pecorino e ulteriore olio.

2

In una pentola di acqua bollente e salata versate gli spaghetti. A cottura ultimata versateli in una zuppiera.

3

Mettete sopra il pesto, un bicchiere di acqua di cottura della pasta e mischiate.

Crema di fagioli e farro

Preparazione: 40 minuti
Difficoltà: facile

Porzioni:4
Ingredienti

- 3 carote
- 1 cipolla grande
- 100gr di orzo
- 1 spicchio d'aglio
- 2 scatolette di fagioli borlotti
- 2 scatoletta di fagioli bianchi di Spagna
- 50ml di brodo vegetale
- Sale e pepe qb

Metodo

1

Versare cinque cucchiai d'olio in una padella. Far soffriggere la carota e la cipolla per 5 minuti, poi aggiungere il farro e far andare per altri 15 minuti.

2

Versare l'acqua, i fagioli col liquido e il brodo vegetale. Portate a ebollizione, coprire la pentola con un coperchio e cuocete a fuoco lento per 20 minuti. Servire con pepe e prezzemolo.

Penne alle lenticchie

Preparazione: 40 minuti

Difficoltà: facile

Dosi per 4 persone

Ingredienti

- 1 cipolla
- 2 carote
- 1 sedano
- 200gr di passata di pomodoro
- 150 gr di lenticchie
- 1 cucchiaio di curcuma
- 2 cucchiai di timo
- 500gr di penne rigate

Metodo

1

Scaldate l'olio in una grande padella antiaderente e soffriggete le cipolle per qualche minuto. Aggiungere le carote, il sedano e l'aglio e soffriggere per altri 3 minuti fin quando il soffritto non sarà profumato.

2

Versate il pomodoro e fate restringere per 10 minuti. Aggiungete le lenticchie, la curcuma, il timo e cuocete a fuoco lento per 20 minuti.

3

Aggiungere le penne e cuocere per altri 15 minuti, aggiungendo un po' d'acqua se necessario.

Insalata di pasta

Preparazione: 30 minuti

Difficoltà: facile

Porzioni: 2

Ingredienti

- 300gr di pennette
- 10 olive nere a rondelle
- 5 capperi
- 5 wusterl tagliati a fettine
- 1 peperone rosso, tagliato a dadini
- 30gr di prosciutto a cubetti

Metodo

Passo 1

In una grande pentola di acqua bollente salata, cuocete la pasta, poi sciacquatela sotto l'acqua fredda, salarla nuovamente e lasciatela raffreddare.

Passo 2

In una grande ciotola, mischiare tutti gli ingredienti e condire con olio d'oliva. Lasciare riposare e servire fredda.

Pasta salmone e pesto di olive

Preparazione: 30 minuti

Difficoltà: facile

Dosi per 3 persone

Ingredienti

- 300gr di spaghetti
- 100gr di salmone affumicato
- 60g di pinoli
- 100g di olive nere
- 50 g di pecorino romano
- 200ml di olio extravergine d'oliva
- 2 spicchi d'aglio
- Pepe qb

Metodo

1

Prendere un mortaio.

Versare l'aglio, il sale e il pepe e batteteli. Poi versate le olive e battetele a lungo, aggiungendo ogni tanto un filo d'olio.

Versate I pinoli e seguite lo stesso procedimento.

Dopo versate il pecorino e ulteriore olio.

2

In una padella mettere cinque cucchiai d'olio, uno spicchio di aglio e far andare due minuti, poi togliere l'aglio e mettere il salmone.

3

In una pentola di acqua bollente e salata versate gli spaghetti. A cottura ultimata versateli nella padella col salmone.

4

Mettete sopra il pesto e mischiate. Non riscaldarlo.

Risotto al lardo e tartufo nero

Preparazione: 50 minuti

Difficoltà: medio

Dosi per 4 persone

Ingredienti

- 50g di burro
- 60gr di lardo
- 1 scalogno
- 500gr di riso carnaroli
- 150 ml di vino bianco
- 1 litro di brodo di pollo
- 50 g di parmigiano grattugiato
- Tartufo nero a scaglie

Metodo

1

Scaldare il burro in una grande padella. Aggiungere la cipolla e far dorare. Mettete il riso a tostare.

2

Aggiungete il lardo e fate andare per un paio di minuti per farlo sciogliere, poi aggiungere il riso e farlo tostare.

3

Versare il brodo di pollo. Continuare la cottura, mescolando, per 5 minuti. Aggiungere e cuocere a fuoco medio per 20 minuti, versando il brodo e mescolando.

4

Continuare la cottura, mescolando molto spesso.

Quando il riso è cotto togliete dal fuoco, mantecate con il burro e il parmigiano e lasciate raffreddare leggermente.

5

Guarnite con scaglie di tartufo nero e servite.

Zuppa di verdure

Preparazione: 30 minuti

Difficoltà: facile

Dosi per 5 persone

Ingredienti

- 3 carote
- 1 patata
- 1 cucchiaio di rosmarino essiccato
- 500gr di ceci
- 50gr polpa di pomodoro
- 100ml di brodo vegetale
- 20gr di formaggio erborinato

Metodo

1

Versate le verdure in una pentola con il rosmarino, il brodo vegetale. Condire bene, mescolare, portare a ebollizione e coprire con un coperchio. Cuocere a fuoco medio per 10 minuti.

2

Versare I ceci nella pentola, un po' di olio e pepe, un po' di rosmarino essiccato e fate andare per cinque minuti.

3

Versate il pomodoro e fate andare per 10 minuti regolando l’acidità con un po’ di zucchero.

Rigatoni con mandorle e Taleggio

Preparazione: 50 minuti

Difficoltà: media

Dosi per 6 persone

Ingredienti

- 75 ml di olio d'oliva extravergine
- 100gr di burro
- 1spicchio d'aglio
- 40gr di mandorle
- 1 limone
- 30gr di parmigiano
- 700gr di rigatoni
- 150gr di taleggio
- Qualche foglia di salvia

Metodo

1

Mettete in una padella il burro con l'olio a sciogliersi a fuoco lento. In un'altra padella mettere le mandorle a tostare per un paio di minuti.

2

Portate a ebollizione una pentola d'acqua bollente, mettete il sale e versate I rigatorni

3

Aggiungere la salvia e le mandorle nella padella. Dopo tre minuti aggiungere il taleggio e farlo sciogliere a fuoco lento fin quando la pasta non è pronta.

4

Scolare la pasta e versarla nella pentola assieme a un bicchiere di acqua di cottura. Mescolate per creare una crema e servite.

Involtini di zucchine con spinaci e ricotta

Preparazione: 40 minuti

Difficoltà: facile

Dosi per 3 persone

Ingredienti

- 3 zucchine tagliate a fette nel senso della lunghezza
- 400g di spinaci
- 300gr di ricotta
- pepe
- 300gr di salsa di pomodoro
- 5 cucchiai di pangrattato
- 4 cucchiai di parmigiano grattugiato

Metodo

1

Scaldare il forno a 200 gradi.

Spennellare entrambi i lati delle fette di zucchina con olio, poi adagiarle su una teglia. Cuocere per 20 minuti girandole una volta soltanto.

2

Mettete gli spinaci a bollire per un paio di minuti e poi in una vaschetta di ghiaccio per non far perdere il colore. Mescolare con la ricotta, il pepe e il pangrattato.

3

Mettete un po' di spinaci e ricotta in mezzo a ogni fetta di zucchina, piegarlo in modo da coprirlo e metterli in una pirofila Versare sopra la salsa di pomodoro, cospargere di pangrattato e parmigiano e infornare per 20 minuti fino a quando sono dorati e caldi.

Paccheri con salsiccia e broccoli

Preparazione: 20 minuti

Difficoltà: facile

Dosi per 4 persone

Ingredienti

- 500gr di paccheri
- 50gr di broccoli
- 300gr di salsiccia piccante
- 1 cucchiaio di finocchio selvatico
- 1 spicchio d'aglio
- 1 peperoncino
- 40gr di parmigiano grattugiato

Metodo

1

Mettete I paccheri in abbondante acqua salata e cuocerli per 20 minuti.

In una padella mettere aglio, olio e peperoncino e fare andare, poi versare I broccoli.

2

Dopo dieci minuti togliere l'aglio e versare la salsiccia a pezzi. Fare cuocere per otto minuti, versando il finocchio selvatico.

3

Scolare la pasta e mettere nella padella. Versare un mestolo di acqua di cottura e farla andare per altri due minuti. Spolverare di parmigiano e servire.

Torta salata con patate e prosciutto

Preparazione: 1 ora e 30 minuti

Difficoltà: media

Dosi per 6-8 persone

Ingredienti

Per la pasta

- 200g di burro chiarificato
- 400g di farina 00
- sale

Per il ripieno

- 700g di patate
- 1 cipolla, tritata finemente
- Sei cucchiai d'olio
- 3 spicchi d'aglio
- 200g di taleggio
- 200g di prosciutto cotto
- 1 uovo sbattuto

Metodo

1

Preparate la pasta. Mettere il burro in una ciotola con la farina e il sale. Strofinare il burro nella farina. Aggiungete circa 10 cucchiai di acqua al composto e mescolate nuovamente. Tagliate l'impasto a metà e dare a ciascuno la forma di un disco piatto. Avvolgere nella pellicola trasparente e mettere in frigorifero.

2

Cuocete le patate per 10 minuti in abbondante acqua salata. Scolatele e fatele raffreddare.

3

Far soffriggere la cipolla e l'aglio in una padella, poi aggiungere un po' di taleggio e far sciogliere.

4

Riscaldate il forno a 200 gradi.

Mettere un pezzo di pasta su una superficie leggermente infarinata. Mettete l'impasto in una tortiera di 20cm x 5 di profondità. Fate dei buchi ovunque sulla pasta con una forchetta e fate cuocere per 10 minuti.

5

Affettare le patate raffreddate a rondelle. Mettete metà delle patate nella base, poi coprite col prosciutto e il formaggio e ripetere per tre volte.

6

Spennellate la pasta rimanente in un cerchio di circa 20 cm con l'uovo sbattuto. Cuocete per 45 minuti, togliere dal forno e servire.

Salsiccia e patate al forno

Preparazione: 50 minuti

Difficoltà: media

Dosi per 6 persone

Ingredienti

- 300g di patate
- 10 cucchiai d'olio
- 1 spicchio d'aglio
- 15 salsicce
- 10 gr di parmigiano per gratinare

Metodo

1

Scaldare il forno a 200 gradi.

Mettere 1 cucchiaio di olio in una pentola e cuocere le patate tagliate a rondelle con peperoncino e prezzemolo.

Mettere gli spicchi di patate in una teglia da forno.

2

Usate la stessa padella usata per le patate e mettere dentro le salsicce, bucandole in superficie con una forchetta. Fate cuocere per 15 minuti.

3

Mettere le salsicce sulla teglia e mettere la teglia nel forno. Cuocere per 30 minuti. Tirare fuori la teglia, cospargere di parmigiano e lasciar gratinare per 10 minuti. Tirare fuori e servire.

Pollo alla cacciatora

Preparazione: 40 minuti

Difficoltà: media

Dosi per 4 persone

Ingredienti

- 10 cucchiaio di olio d'oliva
- 1 cipolla media
- 2 spicchi d'aglio, tritati finemente
- 3 rametti di timo
- 2 rametti di rosmarino
- 4 petti di pollo
- 50 ml di vino bianco
- 30gr di salsa di pomodoro
- 200gr di funghi prataioli
- prezzemolo

Metodo

1

Scaldate l'olio in una padella con la cipolla e gli spicchi d'aglio. Aggiungere il timo e il rosmarino, abbassare la fiamma e lasciare profumare

2

Mettere I petti di pollo nella padella. Metteteci sopra un po' di pepe e cuocete fin quando non saranno ben colorati su entrambi I lati.

2

Togliete il pollo. Mettete la padella di nuovo sul fuoco, alzare la fiamma e versare I funghi. Dopo un po' versare I funghi e farli saltare per 5 minuti.

3

Mettere la salsa di pomodoro nella padella. Far restringere per 10 minuti assieme ai funghi. Poi versare I petti di pollo, abbassare il fuoco e mettere un coperchio.

Far cuocere per circa 15 minuti, poi cospargere di prezzemolo e servire.

Agnello al vino rosso

Preparazione: 2 ore 50 minuti

Difficoltà: media

Dosi per 4 persone

Ingredienti

- 8 costolette d'agnello
- 1 litro di vino rosso
- 1 foglia di alloro
- 2 rametti di timo
- Pepe qb
- Noce moscata
- Olio d'oliva extravergine
- 150ml di brodo vegetale
- 3 carote
- 1 cipolla

Metodo

1

Per prima cosa bisogna marinare la carne.

Almeno 8 ore prima mettere l'agnello in una pirofila da forno con l'alloro, il timo, il pepe e versare tre quarti della bottiglia di vino. Lasciare a marinare per 8 ore. Quando dovrete preparate, prendete l'agnello, pulitelo e asciugatelo.

2

In una padella mettere olio e cipolla a imbiondire. Poi versare l'agnello e farlo saltare per una decina di minuti.

Aggiungere il vino e il condimento e far andare a fuoco lento per circa 15 minuti.

Mettere il brodo e far cuocere per altri 15 minuti.

Poi mettere in forno a 160 gradi e far cuocere 1 ora e mezza.

3

Mettere una parte della cipolla e le carote in una padella con un po' d'olio.

Togliere la carne dal forno. Mettere l'agnello nella pentola a saltare per l'ultima volta con la cipolla e le carote, facendo attenzione a non versare il condimento. Fate andare per 20 minuti controllando la morbidezza della carne. Servite con contorno di insalata.

Tagliata rucola e grana

Preparazione: 20 minuti

Difficoltà: facile

Dosi per 2 persone

Ingredienti

- 10ml di vino bianco
- 1 spicchio d'aglio
- 3 foglie di basilico
- 1 rametto di rosmarino
- 2 cucchiai d'olio
- 300g di fassona piemontese
- 25g di rucola
- 50gr di parmigiano a scaglie
- Pepe
- tabasco

Metodo

1

Mettete il basilico, l'aglio, l'olio e il rosmarino in una padella con un po' d'olio a far insaporire.

Dopo due minuti togliere il rametto di rosmarino.

2

Passare il pepe e il tabasco sulle bistecche, da entrambi I lati.

Metterle nella padella con il condimento e cuocere per circa 3 minuti. Poi versare il vino bianco e far sfumare per altri 3 minuti.

3

Mettere la bistecca in un piatto, tagliarla a quadrati e versarci sopra il condimento. Poi mettete sopra delle scaglie di parmigiano, la rucola e servite.

Capretto al vino bianco

Preparazione: 2 ore 50 minuti

Difficoltà: media

Dosi per 4 persone

Ingredienti

- 8 costolette di capretto
- 1 litro di vino bianco secco
- 1 foglia di alloro
- 2 rametti di timo
- Pepe qb
- Olio d'oliva extravergine
- 150ml di brodo vegetale
- 3 carote
- 1 cipolla

Metodo

1

Per prima cosa bisogna marinare la carne.

Almeno 12 ore prima mettere il capretto in una pirofila da forno con l'alloro, il timo, il pepe e versare tre quarti della bottiglia di vino. Lasciare a marinare per 12 ore. Quando dovrete preparate, prendete il capretto, pulitelo e asciugatelo.

2

In una padella mettere olio e cipolla a imbiondire. Poi versare il capretto e farlo saltare per una decina di minuti.

Aggiungere il vino e il condimento e far andare a fuoco lento per circa 15 minuti.

Mettere il brodo e far cuocere per altri 20 minuti.

Poi mettere in forno a 160 gradi e far cuocere 1 ora e mezza.

3

Mettere una parte della cipolla e le carote in una padella con un po' d'olio.

Togliere la carne dal forno. Mettere il capretto nella pentola a saltare per l'ultima volta con la cipolla e le carote, facendo attenzione a non versare il condimento. Fate andare per 25 minuti controllando la morbidezza della carne.

Scaloppine di tacchino

Preparazione: 10 min

Difficoltà: facile

Dosi per 4 persone

Ingredienti

- 50gr di burro
- 10gr di salvia
- Un rametto di rosmarino
- 4 fette di prosciutto cotto
- 4 bistecche di tacchino
- Un bicchiere di vino bianco

Metodo

1

Scaldare il burro in una padella assieme alla salvia e al rosmarino e farlo sciogliere. Dopo dieci minuti togliere il rametto di rosmarino.

2

Mettete le bistecche di tacchino precedentemente passate nel burro e coperte da una fetta di prosciutto ciascuno nella padella. Dopo due minuti versare il bicchiere di vino e far sfumare

3

Fate cuocere fin quando le fettine di prosciutto non diventano croccanti. Servire con sopra la cremina e un contorno fresco.

Orata arrosto

Preparazione: 10 min

Difficoltà: media

Dosi per 4 persone

Ingredienti

- 400g di patate
- 2 carote
- 5 cucchiai di olio extravergine d'oliva
- 1 rametto di rosmarino
- 4 filetti di orata
- 20gr di olive nere
- 1 limone

Metodo

1

Pulire e desquamare il pesce. Togliere la pelle.

Riempire con le patate, le carote, qualche foglia di rosmarino e le olive nere.

2

Su una teglia imburrata disporre delle carote tagliate a fettine, delle patate tagliate a rondelle e cospargere di olio. Adagiate sopra I filetti di orata.

3

Cospargere con olio e pepe. Accendere il forno a 180 gradi e cuocere per 20 minuti, girando a metà cottura.

4

Togliete la teglia dal forno, spruzzate il limone sopra il pesce e lasciate cuocere per altri 10 minuti.

Tirate fuori e servite con le olive e le patate, aggiustando di sale.

Stufato di pollo

Preparazione: 2 ore

Difficoltà: media

Dosi per 5 persone

Ingredienti

- 10 cosce di pollo
- 100g di pancetta
- 1 cipolla grande, tritata
- 2 bastoncini di sedano, tritati
- 100ml di vino bianco
- 1l di brodo di pollo
- 2 foglie di alloro
- 100gr di piselli
- 200gr di polpa di pomodoro

Metodo

1

Versate l'olio in una padella. Fate rosolare il pollo fino a quando non è dorato su tutti i lati, poi togliete il pollo e mettetelo su un foglio di carta da cucina.

2

Aggiungere la pancetta nella padella e fatela friggere per 2 minuti, poi aggiungete la cipolla, il sedano e i porri. Fate cuocere a fuoco medio per 5 minuti. Aggiungere il prezzemolo e cuocere altri 2 minuti.

3

Rimettere il pollo nella padella con le foglie di alloro e I piselli. Sfumare col vino bianco, poi coprire con un coperchio e cuocere per un'ora e mezza a fuoco basso. Servite mettendo sopra il sughetto.

Pizza con mozzarella di bufala e salame piccante

Preparazione: 45 minuti

Difficoltà: media

Dosi per 2 persone

Ingredienti

- 250g di farina 00
- 1 cucchiaino di lievito istantaneo
- 5 cucchiai d'olio
- 10 cucchiai di salsa di pomodoro
- 10 bocconcini di mozzarella di bufala
- 10 fette di salame piccante

Metodo

1

Versate la farina in una ciotola, mescolate il lievito e 1 cucchiaino di sale. Fate un buco al centro e versate 100 ml di acqua calda e due cucchiai d'olio. Mescolate più volte fin quando l'impasto non sarà morbido e bagnato.

2

Versare l'impasto su una superficie leggermente infarinata e impastate per 5 minuti fino ad ottenere un impasto liscio. Coprite e lasciate riposare in modo che raddoppi le sue dimensioni..

2

Quando l'impasto è lievitato, reimpastatelo nella ciotola con un po' di farina e poi mettetelo su una superficie infarinata e tagliatelo in due.

Versate un cucchiaio d'olio e stendete I due impasti fino a ottenere una forma rotonda di circa 25-30cm.

4

Mettere la teglia in forno a 220 gradi.

Spalmare la salsa di pomodoro sul composto, poi aggiungere la mozzarella di bufala (o se volete a fine cottura)

Infornare la teglia e cuocere per 10 minuti.

In uscita mettete le fette di salame.

ZUPPA ALLA BOLOGNESE

Preparazione: 50 minuti
Difficoltà: facile

Dosi per 4 persone
Ingredienti

- 5 cucchiai di olio extravergine d'oliva
- 2 cipolle tritate
- 2 carote a rondelle
- 2 sedani
- 1 spicchi d'aglio, tritati finemente
- 250gr di salsa di pomodoro
- 250gr di carne macinata
- 1 cucchiaio di brodo vegetale in polvere
- 1 cucchiaino di curcuma
- 2 rametti di timo fresco
- 1 foglia di salvia
- 50gr di parmigiano

Metodo

1

Scaldare l'olio in una padella e soffriggere le cipolle per qualche minuto. Aggiungere le carote, il sedano e l'aglio, poi soffriggere per 5 minuti.

2

Aggiungere la carne e fatele assorbire il condimento. Quando la carne è cotta, aggiungete il pomodoro e il brodo vegetale assieme a 1 litro d'acqua. Aggiungete il timo, la curcuma e il pepe. Coprite con un coperchio e cuocete per 30 minuti.

3

Quando il sugo bolle, togliete il coperchio e spegnete il fuoco. Mettete sopra abbondante parmigiano grattugiato e servite con dei crostoni di pane tostato.

Filetto con peperoni

Preparazione: 20 minuti

Difficoltà: facile

Dosi per 4 persone

Ingredienti

- 4 pezzi di filetto di Angus Argentino o Irlandese
- 30gr di burro
- pepe
- 1 cipolla
- 4 peperoni tagliati a strisce
- Origano qb

Metodo

1

In una padella mettere l'olio e far soffriggere la cipolla.

2

Tagliate a strisce I peperoni, togliendo I semi. Metterli in lunghezza nella padella e farli cuocere a fuoco medio per 10 minuti

3

In un'altra padella sciogliere il burro. Mettere sale e pepe su entrambi I lati delle fettine di filetto, poi adagiarle nella padella e farla cuocere per pochi minuti.

Pizza con tonno e cipolle

Preparazione: 45 minuti

Difficoltà: media

Dosi per 2 persone

Ingredienti

- 250g di farina 00
- 1 cucchiaino di lievito istantaneo
- 5 cucchiai d'olio
- 10 cucchiai di salsa di pomodoro
- 50gr di mozzarella vaccina
- 2 cipolle
- 2 scatolette di tonno

Metodo

1

Versate la farina in una ciotola, mescolate il lievito e 1 cucchiaino di sale. Fate un buco al centro e versate 100 ml di acqua calda e due cucchiai d'olio. Mescolate più volte fin quando l'impasto non sarà morbido e bagnato.

2

Versare l'impasto su una superficie leggermente infarinata e impastate per 5 minuti fino ad ottenere un impasto liscio. Coprite e lasciate riposare in modo che raddoppi le sue dimensioni..

2

Quando l'impasto è lievitato, reimpastatelo nella ciotola con un po' di farina e poi mettetelo su una superficie infarinata e tagliatelo in due.

Versate un cucchiaio d'olio e stendete I due impasti fino a ottenere una forma rotonda di circa 25-30cm.

4

Mettere la teglia in forno a 220 gradi.

Spalmare la salsa di pomodoro sul composto, poi aggiungere la mozzarella. Tagliare a fette le cipolle e disporle sopra.

Infornare la teglia e cuocere per 10 minuti.

In uscita mettete il tonno in scatola.

Torta salata con ricotta e funghi

Preparazione: 1 ora e 30 minuti

Difficoltà: media

Dosi per 6-8 persone

Ingredienti

Per la pasta

- 200g di burro chiarificato
- 400g di farina 00
- sale

Per il ripieno

- 700g di patate
- 1 cipolla, tritata finemente
- Sei cucchiai d'olio
- 3 spicchi d'aglio
- 200g di ricotta
- 300g di funghi
- 1 uovo sbattuto

Metodo

1

Preparate la pasta. Mettere il burro in una ciotola con la farina e il sale. Strofinare il burro nella farina. Aggiungete circa 10 cucchiai di acqua al composto e mescolate nuovamente. Tagliate l'impasto a metà e dare a ciascuno la forma di un disco piatto. Avvolgere nella pellicola trasparente e mettere in frigorifero.

2

Cuocete le patate per 10 minuti in abbondante acqua salata. Scolatele e fatele raffreddare.

3

Far soffriggere la cipolla e l'aglio in una padella, poi aggiungere un po' di taleggio e far sciogliere.

4

Riscaldate il forno a 200 gradi.

Mettere un pezzo di pasta su una superficie leggermente infarinata. Mettete l'impasto in una tortiera di 20cm x 5 di profondità. Fate dei buchi ovunque sulla pasta con una forchetta e fate cuocere per 10 minuti.

5

Affettare le patate raffreddate a rondelle. Mettete metà delle patate nella base, poi coprite con la ricotta e I funghi e ripetere per tre volte.

6

Spennellate la pasta rimanente in un cerchio di circa 20 cm con l'uovo sbattuto. Cuocete per 45 minuti, togliere dal forno e servire.

Stufato di salsiccia e timo

Preparazione: 40 minuti

Difficoltà: facile

Dosi per 6 persone

Ingredienti

- 12 salsicce
- 9 cucchiai di olio d'oliva
- 2 carote
- 1 sedano
- 1 cipolla
- 2 rametti di rosmarino tritato
- 300gr polpa di pomodoro
- 700ml di brodo
- 700gr di patate

Metodo

1

Mettere le salsicce in una padella piena d'olio. Aggiungere le carote, il sedano e la cipolla e cuocere per 10 minuti, aggiungendo il rosmarino tritato. Aggiungere le lenticchie, i pomodori e il brodo. Portate a ebollizione, coprite e cuocere a fuoco lento per 25 minuti. Togliere il coperchio e cuocere per altri 10 minuti.

2

Nel frattempo, far bollire le patate fino a quando sono tenere. In un'altra padella, scaldare il latte, l'aglio rimanente e il rosmarino fino a quando non bolle, poi spegnere il fuoco. Scolare bene le patate.

3

Spargere il latte caldo sulle patate e schiacciare con l'olio rimanente, poi condire.

Porchetta

Preparazione: 2 ore e 30 minuti

Difficoltà: media

Dosi per 6-8 persone

Ingredienti

- 2 kg di maiale con osso
- 2 rametti di rosmarino
- 1 peperoncino spezzato
- 10 cucchiai d'olio
- 1 cipolla
- 1 finocchio
- 200gr di prosciutto cotto
- 100gr di mollica di pane
- 20g di pinoli
- 5 foglie di salvia
- 1 cucchiaio di succo di limone
- noce moscata appena grattugiata
- 1 uovo

Metodo

1

Praticate dei fori sulla pelle del maiale. Segnare fino a poco prima del punto in cui la pelle incontra il grasso. Bollite una pentola e immergete la carne, fatela bollire per 10 minuti e lasciatela raffreddare.

2

Tagliate a pezzi la salvia e macinate le spezie con un mortaio. Aggiungete pepe, aglio e succo di limone.

3

Girate la carne verso il basso e forate la parte inferiore. Spargete il composto delle spezie e lasciatela marinare in frigo per una decina di ore.

4

Dopo dieci ore mettere a scaldare la cipolla, il finocchio e il rosmarino in una padella. Aggiungere l'aglio e cuocere per due minuti, poi le spezie. Fate andare per un quarto d'ora. Poi prendete e lasciate raffreddare.

5

In una ciotola mischiate la scorza d'arancia, I pinoli, il succo di limone e la noce moscata. Aggiungete l'uovo e mescolate tutto.

6

Stendete il maiale a pancia in giù. Nel centro della pancia stendere il ripieno e legare con uno spago. Poi fate raffreddare.

7

Cuocete in forno a 180 gradi per circa 4 ore rigirandola ogni ora.

Stufato di gamberi

Preparazione: 40 minuti

Difficoltà: facile

Dosi per 4 persone

Ingredienti

- 400g di patate
- 1 sedano, tagliati a pezzi
- 2 spicchi d'aglio
- 2 filetti d'acciuga, tritati
- 100gr polpa di pomodoro
- 150ml di vino bianco
- 200ml di brodo vegetale
- 500g di gamberi
- Succo di limone
- 1 cucchiaino di capperi
- 10gr di prezzemolo

Metodo

1

Mettere le patate in una pentola di acqua bollente. Fate cuocere per venti minuti.

2

In un'altra padella mettere il sedano e le cipolle e fare il soffritto. Poi l'aglio e lasciar cuocere per 10 minuti.
Tirate via l'aglio e mettete I pezzetti di acciuga. Fatela sciogliere nella padella.
3
Versate I gamberoni e dopo un minuto il vino bianco per sfumare. Versate il pomodoro e dopo le patate. Servite con pane tostato.

Stufato di manzo

Preparazione:20 min

Difficoltà: facile

Dosi per 2 persone

Ingredienti

- 1 cipolla
- 5 cucchiai di olio d'oliva
- 2 pezzi di manzo
- 1 peperone
- 200gr di polpa di pomodoro
- rametto di rosmarino, tritato
- olive verdi

Metodo

1

In una grande casseruola, cuocere la cipolla e l'aglio in olio d'oliva per 5 minuti fino a quando si ammorbidiscono e diventano dorati. Aggiungere le strisce di manzo, il pepe, i pomodori e il rosmarino e portare a ebollizione. Cuocere a fuoco lento per 15 minuti fino a quando la carne è cotta, aggiungendo acqua bollente se necessario.

2

Far riposare la carne.

Condire le olive e I capperi con sale, olio, origano e pepe.

Spargere il condimento sulla carne e servire.

Stufato di ceci

Preparazione: 30 min
Difficoltà: facile

Dosi per 6 persone

Ingredienti

- 500g di patate
- 250 gr di verze
- 1 cipolla rossa
- 2 spicchi d'aglio
- peperoncino
- 100 ml vino bianco
- 10 pomodori
- 2 confezioni di ceci
- 2 cucchiai di succo di limone
- 6 cucchiai di prezzemolo fresco tritato
- 4 cucchiai di olio extravergine d'oliva

Metodo

1

Cuocere le patate in acqua bollente salata per 15-20 minuti fino a quando sono dorate. Nel frattempo, versate gli spinaci in una casseruola, versarvi sopra l'acqua bollente del bollitore per farli appassire, poi tenerli sotto il rubinetto freddo finché non si sono raffreddati per mantenere il colore. Lasciateli scolare. Tagliate le patate a tocchetti.

2

Scaldare l'olio d'oliva in una padella e cuocere la cipolla e l'aglio a fuoco basso per 4 minuti fino a quando sono dorati. Aggiungere i peperoncini e il vino, versare metà dei pomodori e cuocere a fuoco moderato fino a quando quasi tutto il vino è evaporato. Aggiungere i ceci, le patate e gli spinaci. Cuocere per 10 minuti

3

Aggiungere il succo di limone, il prezzemolo e i pomodori rimasti. Condire con sale e pepe a piacere.

Pollo alla cacciatora

Preparazione: 40 minuti
Difficoltà: media

Dosi per 4 persone
Ingredienti

- 10 cucchiaio di olio d'oliva
- 1 cipolla media
- 2 spicchi d'aglio, tritati finemente
- 3 rametti di timo
- 2 rametti di rosmarino
- 4 petti di pollo
- 50 ml di vino bianco
- 30gr di salsa di pomodoro
- 200gr di funghi prataioli
- prezzemolo

Metodo
1
Scaldate l'olio in una padella con la cipolla e gli spicchi d'aglio. Aggiungere il timo e il rosmarino, abbassare la fiamma e lasciare profumare
2
Mettere I petti di pollo nella padella. Metteteci sopra un po' di pepe e cuocete fin quando non saranno ben colorati su entrambi I lati.
2

Togliete il pollo. Mettete la padella di nuovo sul fuoco, alzare la fiamma e versare I funghi. Dopo un po' versare I funghi e farli saltare per 5 minuti.
3
Mettere la salsa di pomodoro nella padella. Far restringere per 10 minuti assieme ai funghi. Poi versare I petti di pollo, abbassare il fuoco e mettere un coperchio.
Far cuocere per circa 15 minuti, poi cospargere di prezzemolo e servire.

Crocchette di tonno

Preparazione: 30 minuti
Difficoltà: facile

Ingredienti

- 100 grammi di tonno
- 5 tazze di acqua salata
- 300 grammi di riso bianco
- 50 grammi di parmigiano
- 30 grammi di pangrattato secco
- 4 uova
- 4 cucchiai di prezzemolo
- Sale qb
- 1 tazza di pangrattato secco per il rivestimento
- Olio d'oliva qb

Metodo

1

Mettere il tonno fresco in una padella con un filo d'olio e cuocere a fuoco lento per mezz'ora.

2

Far bollire l'acqua e versare il riso, poi ridurre la fiamma e far cuocere il riso a fuoco lento per mezz'ora.

3

Mettere il riso pronto su una teglia da forno a raffreddare per 10 minuti. Poi mettere il riso in una grande zuppiera.

4

Mischiare il tonno, il parmigiano grattugiato, le uova, il prezzemolo, il sale e il pepe macinato. Mettere in frigo per due ore.

5

Togliere dal frigo il riso e modellare delle sfere di riso di circa 5 centimetri, poi passarle nel pangrattato.

6

Mettere le crocchette in una padella a fuoco alto con cinque cucchiai d'olio, e lasciarle cuocere per circa 10 minuti. Poi mettere un foglio di carta da cucina in un piatto e far assorbire l'olio.

Branzino e cozze

Preparazione: 15 minuti

Dosi per 4 persone

Ingredienti

- 2 cucchiai di olio d'oliva
- 2 spicchi d'aglio
- ½ peperoncino rosso, tritato
- 500g di cozze
- mazzo di basilico
- 400g lattina di pomodoro tritato
- 150ml di vino bianco
- 500gr di cozze
- 12 gamberi
- 8 filetti di branzino
- pane croccante, per servire

Metodo

1

Scaldare l'olio in una grande padella. Aggiungi l'aglio e il peperoncino. Soffriggere fino ad ammorbidire, poi aggiungere I pomodori e il vino. Cuocere a fuoco lento per 40 minuti fino a quando il sugo si è addensato.

2

Distribuire le cozze e i gamberi sulla salsa, mettere sopra I filetti di branzino e farli cuocere in padella per 10 minuti aggiungendo olio e limone.

3

Mettere a tostare due fette di pane con aglio spalmato sopra e servire.

Polpettine di maiale

Preparazione: 40 minuti
Difficoltà: facile
Porzioni: 6
Ingredienti

- 1kg di carne di maiale
- 50gr di pangrattato
- 30gr di parmigiano
- 1 cucchiaio di timo
- 1 cucchiaio di origano
- 30gr di salsa di pomodoro
- Sale e pepe qb

Metodo
1

Scaldare il forno a 200 gradi.

2

In una ciotola, mischiare gli ingredienti (tranne il pomodoro) e cercare di formare delle palline. Mettetele su una teglia da forno. Cuocere circa 20 minuti o controllando l'interno della polpetta per vedere il grado di cottura
3

In una padella far andare uno spicchio d'aglio, farlo dorare, toglierlo e versare il pomodoro. Farlo restringere e poi condirlo con un po' d'origano.

4

Tirar fuori le polpette dal forno e condirle con la salsa al pomodoro

Arrosto di maiale

Preparazione: 2 ore

Difficoltà: media

Dosi per 8 persone

Ingredienti

- 2spicchi d'aglio
- Pepe qb
- 1 ½ cucchiaio di semi di finocchio
- 2 ½ cucchiaio di olio d'oliva
- 1,8 kg di lombo di maiale arrotolato con budello
- 1 cipolla
- 1 limone
- 50ml di brodo di carne

Metodo

1

Mettete la carne di maiale, con la pelle verso l'alto, in una bacinella e versatevi sopra un bollitore pieno di acqua bollente. Scolare, asciugare e mettere, con la pelle verso il basso, su un tagliere. Arrotolare la lonza e legarla a intervalli con dello spago da cucina. Mettere gli odori e la cipolla al centro di una teglia e mettete sopra il maiale. Salate la pelle esterna.

Riscaldare il forno a 200 gradi.

Spalmare la pelle del maiale con sale e olio e spargere I semi di finocchio sopra. Fate arrostire la carne per 40 minuti controllando la cottura ogni 10 minuti. Poi mettete il forno a 160 gradi e continuate a cuocere per 1 ora. Strofinare la pelle del maiale con l'olio rimanente.

3

Mettete a scaldare il brodo vegetale e versatelo sul maiale una volta terminata la cottura.

Pollo al rosmarino

Preparazione: 5 minuti **Cottura:** 30 minuti

Dosi per 4 persone

Ingredienti

- 4 cosce di pollo
- 1 rametto di rosmarino
- 1 cipolla
- 2 filetti d'acciuga, tritati
- 500gr di pomodoro
- 2 cucchiaio di capperi

Metodo

1

Rosolate il pollo in una casseruola. Aggiungere metà del rosmarino tritato, fate andare per 20 minuti e tirate fuori, poi mettere da parte su un piatto.

2

Nella stessa padella fate cuocere la cipolla per 5 minuti fin quando non diventa dorata.

Aggiungete le acciughe e fatele sciogliere con l'aiuto di un mestolo di legno. Aggiungete l'aglio e il rosmarino, poi soffriggete ancora per qualche minuto. Versate i pomodori e i capperi con un po' di acqua fredda. Portare a ebollizione, poi rimettere i pezzi di pollo nella padella. Coprire e cuocere per 20 minuti fino a quando il pollo è cotto. Condire e servire con un'insalata verde croccante e pane croccante.

Tagliatelle con burro e salvia

Preparazione: 10 minuti

Difficoltà: facile

Ingredienti

- 200g di burro
- 30 foglie di salvia
- 100ml di brodo vegetale
- 400g di tagliatelle all'uovo

Metodo

1

Sciogliere il burro in una padella con l'aglio. Mettere le foglie di salvia e fate andare a fuoco lento per insaporire bene il burro. Dopo circa 10 minuti togliere la salvia e aggiungere il limone.

2

Portare a ebollizione una pentola piena di acqua e mettete il sale. Mettete la pasta all'uovo e cuocetela per pochi minuti: la pasta all'uovo tende a sfaldarsi presto, quindi la cottura dev'essere rapida.

Mettete le tagliatelle nella padella col burro e fate saltare per un minuto.

3

Mettere nel piatto, spolverate di pepe e parmigiano grattugiato.

Zuppa di lenticchie

Preparazione: 20 minuti
Difficoltà: facile

Porzioni:6
Ingredienti

- 3 carote
- 1 cipolla
- 50gr di funghi porcini
- 1 spicchio d'aglio
- 30gr di pancetta
- 2 scatolette di lenticchie
- 50ml di brodo vegetale
- Sale e pepe qb

Metodo

1

Versare cinque cucchiai d'olio in una padella. Far soffriggere la carota e la cipolla per 5 minuti, poi aggiungere I funghi e far andare per altri 15 minuti.

2

Mettere del burro in una seconda padella e farlo dorare. Mettere la pancetta a friggere a fuoco lento per 10 minuti.

3

Versare l'acqua, le lenticchie e il brodo vegetale. Portare a ebollizione, coprire la pentola con un coperchio e cuocete a fuoco lento per 20 minuti. Servire con pepe e prezzemolo.

Hamburger di maiale

Preparazione: 15 minuti

Difficoltà: facile

Porzioni: 4 persone

Ne fa 4

Ingredienti

- 400gr di carne di maiale macinata
- 10gr di timo
- 5gr di peperoncino
- Origano
- tabasco
- 8 olive nere
- Pepe
- 40gr di spinaci

Metodo

1

In una padella fate rosolare l'aglio nell'lio fin quando non sarà dorato.

Mettere il peperoncino, gli spinaci e fare andare a fuoco lento per 5 minuti

Mettete il sale, il pepe e il tabasco su entrambi I lati dell'hamburger.

Metteteli in padella e alzate la fiamma.

3

Quando sono quasi cotti, mettete l'origano e il timo.

Servite in un piatto da portata con le olive e gli spinaci.

Minestrone di verdure

Preparazione:45 min

Difficoltà: facile

Dosi per 6 persone

Ingredienti

- 1 cipolla
- 3 carote
- 2 gambi di sedano
- Olio d'oliva
- 2 foglie di alloro
- 1 zucchina
- 30gr di bietola
- 300gr di farro
- 1 litro di brodo vegetale
- 100g di grana padano

Metodo

1

Soffriggete la cipolla una carota e il sedano nell'olio in una pentola.

Tagliate a tocchetti le carote e le zucchine, aggiungetele e cuocete a fuoco medio per 10 minuti fin quando non perderanno un po' dell'acqua in eccesso.

2

Versare i fagioli, il brodo e le restanti verdure, poi cuocere a fuoco lento per 40 minuti.

Quando mancano 5 minuti mettere il parmigiano.

Servite molto caldo e mettete un filo d'olio ulteriore nel piatto.

Giardiniera di verdure

Preparazione: 45 minuti **(1 giorno di marinatura)**
Difficoltà: media

Porzioni: 8
Ingredienti

- 2 peperoni verdi
- 2 peperoni rossi
- 2 peperoni gialli
- 1 sedano
- 2 carote
- 2 cipollotti
- 20gr di friarielli
- 1 cucchiaio di origano
- Pepe qb
- 30gr di olive nere
- 30gr di olive verdi
- 1 tazza di aceto bianco
- 1 tazza di olio d'oliva

Metodo
1

Tagliare a pezzettoni I peperoni, I cipollotti, le carote, il sedano, I friarielli e le olive.
Mettere in una ciotola tutte le verdure.

Mettete il sale in maniera uniforme su tutte le verdure e riempite d'acqua.
Coprire la ciotola con una pellicola e lasciate a marinare tutta la notte.

2

Il giorno dopo, scolate l'acqua salata e sciacquate le verdure. In un piatto a parte, mescolare insieme aglio, origano, pepe e alcune olive. Poi mettere olio e aceto, mescolando bene.
Rimettere in frigo e far marinare per mezza giornata.

Costolette di maiale

Preparazione: 40 minuti

Difficoltà: facile

Porzioni: 6

Ingredienti

- 1 spicchio d'aglio, tritato
- Pepe qb
- Un cucchiaio di tabasco
- 1 cucchiaio di salsa Worcestershire
- 1 cucchiaio di senape
- 6 costolette di maiale

Metodo

1

Mescolare la salsa Worcestershire, la senape, un cucchiaino di sale e un cucchiaino di pepe in una padella.
Cuocere a fuoco lento per 10 minuti

2
Preparare una griglia e oliarla.

3

Condire entrambi I lati delle costolette con olio, sale, pepe e tabasco. Poi spennellatele con la salsa dalla padella.

4

Mettete le braciole sulla griglia e cuocetele fino al punto di cottura desiderato. Servite con pane abbrustolito con pomodoro.

Salsiccia e melanzane

Preparazione: 30 minuti
Difficoltà: facile

Porzioni: 4
Ingredienti

- 4 salsicce
- 4 melanzane
- 1 cipolla
- 1 spicchio d'aglio
- Peperoncino
- Tabasco
- Olio qb
- Pepe qb

Metodo

1

Privare la salsiccia del budello.
Scaldare tre cucchiai di olio di oliva in una padella e far saltare dentro le salsiccie fin quando non saranno scurite completamente.
Aggiungere tabasco.

2

In una padella far rosolare l’aglio in un po’ d’olio e il peperoncino: quando l’aglio sarà dorato, togliere dalla padella.
Tagliare a tocchetti le melanzane e farle friggere nell’olio per 10 minuti.
Poi aggiungere la salsiccia, far saltare tutto assieme per 5 minuti e cospargere di pepe.

Polpettine di salsiccia

Preparazione: 40 minuti
Difficoltà: facile
Porzioni: 6
Ingredienti

- 1kg di salsiccia
- 30gr di parmigiano
- 1 cucchiaio di semi di finocchio
- 1 cucchiaio di origano
- 30gr di salsa di pomodoro
- Sale e pepe qb

Metodo
1

Scaldare il forno a 200 gradi.

2

In una ciotola, mischiare gli ingredienti (tranne il pomodoro) e cercare di formare delle palline.

Mettetele su una teglia da forno. Cuocere circa 20 minuti o controllando l'interno della polpetta per vedere il grado di cottura

3

In una padella far andare uno spicchio d'aglio, farlo dorare, toglierlo e versare il pomodoro. Farlo restringere e poi condirlo con un po' d'origano.

4

Tirar fuori le polpette dal forno. In un'altra padella fatele friggere per 5 minuti. Poi mettetele nella padella col sugo e fatele andare per altri 5 minuti.

Melanzane ripiene

Cottura: 40 minuti

Difficoltà: facile

Dosi per 4 persone

Ingredienti

- 8 melanzane tagliate in due
- 8 cucchiai di olio extravergine d'oliva
- 100g di pangrattato
- 50g di noci
- 10 scalogni
- 1 spicchio d'aglio
- 8 pomodori secchi
- 8 sottilette
- 3 foglie d'alloro
- 50grammi di parmigiano

Metodo

1

Scaldare il forno a 200 gradi.

Tagliare le melanzane e disporle in un singolo strato in una pirofila poco profonda, con il lato tagliato verso l'alto. Spennellare con 1 cucchiaio di olio e cuocere per 20 minuti.

2

Per il ripieno, tagliare a pezzettini le noci, gli scalogni, I pomodori secchi e mescolare tutti gli ingredienti in un'insalatiera. Allungare con acqua se il composto è troppo denso.

3

Versare il ripieno sopra le zucchine e bagnare con l'olio d'oliva rimanente. Infornare per altri 15 minuti, fin quando non ci sarà una crosticina in superficie.

Panino al manzo

Preparazione: 10 minuti

Difficoltà: facile

Dosi per 1 persona

Ingredienti

- 2 fette di manzo all'olio o carne salada del trentino
- 1 panino al latte
- 50 grammi di fontina o taleggio
- tabasco
- Un ciuffo di insalata
- maionese

Metodo

1

Riscaldare la griglia.

Mettere il manzo su una teglia con l'apertura verso il basso e grigliare per 5 minuti, fin quando non avranno una crosta bruciacchiata.

Mettere il pane tagliato a fette in una padella e far andare per qualche minuti, fin quando non sarà abbrustolito. Spalmare con aglio, olio, sale e tabasco.

2

Spalmate il pane con la maionese. Mettere due fette di fontina su ogni fetta di pane. Aggiungere il manzo ancora caldo.

Branzino al forno

Preparazione: 30 minuti

Difficoltà: facile

Dosi per 6 persone

Ingredienti

- 200 gr di patate
- 6 filetti di branzino
- 20 gr di capperi
- 30gr di olive nere
- Una bisque di crostacei
- Un bicchiere di vino bianco

Metodo

1

Scaldare il forno a 200 gradi.

Mettere le patate in una pentola di acqua calda, farle bollire per 10 minuti e tirarle fuori.

2

Imburrate una pirofila larga.

Mettere I filetti di pesce precedentemente sfilettati in orizzontale.

3

Spellare le patate, disporle intorno ai filetti di pesce e salate il tutto.

Versate le olive e I capperi, il vino bianco e la bisque di crostacei.

4

Coprire con la carta stagnola e mettere in forno.

Cuocere per 20 minuti e servire con un po' di origano.

Farro, funghi e fave

Preparazione: 40 minuti

Difficoltà: facile

Porzioni: 4

Ingredienti

- 400gr di farro
- 20ml di brodo vegetale
- 2 tazze di acqua
- 30gr di funghi porcini
- 15gr di fave
- Pepe qb
- 10gr di parmigiano grattugiato

Metodo

1

In una grande pentola far bollire il farro in acqua salata. Abbassare il fuoco, coprire con un coperchio e far evaporare metà dell'acqua per 20 minuti.

2

Togliere il coperchio, versare il brodo e far cuocere per ulteriori 10 minuti.

3
In una padella far saltare I funghi e le fave in abbondante olio caldo. Aggiungete il farro, fate andare per altri 10 minuti. Spolverate di parmigiano.

Stufato tradizionale

Preparazione:20 min

Difficoltà: facile

Dosi per 2 persone

Ingredienti

- 1 cipolla
- 5 cucchiai di olio d'oliva
- 4pezzi di manzo
- 1 carota
- 200gr di polpa di pomodoro
- rametto di rosmarino, tritato
- 2 patate

Metodo

1

In una grande casseruola, cuocere la cipolla e l'aglio in olio d'oliva per 5 minuti fino a quando si ammorbidiscono e diventano dorati. Aggiungere le strisce di manzo, il pepe, i pomodori e il rosmarino e portare a ebollizione. Cuocere a fuoco lento per 15 minuti fino a quando la carne è cotta, aggiungendo acqua bollente se necessario.

2

Far riposare la carne.

In una padella far dorare le carote in abbondante burro e rosmarino.

Versare il burro sul manzo.

Spargere il condimento sulla carne e servire.

Calzone napoletano

Preparazione: 40 minuti

Difficoltà: facile

Dosi per 3 persone

Nutrizione: Per porzione

Ingredienti

- 300g di farina 00
- 10gr di lievito
- Sale qb
- 50gr di prosciutto cotto
- 100 gr di mozzarella
- 50gr di salame piccante
- 10gr di basilico
- 30gr di polpa di pomodoro

Metodo

1

Impastate la farina, il lievito, l'olio e 500ml di acqua calda in una ciotola fino a ottenere un impasto gommoso.

Create una palla, poi rimettete nel contenitore umidità al caldo.

2

Scaldare il pomodoro in abbondante olio per almeno 30 minuti, fin quando non si è ristretto.

Aggiungere il sale e 5 minuti prima di spegnere il fuoco aggiungere il basilico.

3

Riscaldare il forno a 200 gradi.

Tagliare in tre pezzi la pasta e stenderla su una superficie infarinata. Mettere metà ripieno a lato e metà al centro e spennellare eventualmente con un po' d'uovo. Ripiegare coprendo il ripieno e bucherellare sul bordo.

Oliare una teglia, mettere sopra I calzoni e farli cuocere per circa 20 minuti.

DOLCI

Tiramisù

Preparazione: 35 minuti

Difficoltà: facile

Dosi per 2 persone

Ingredienti

- 2 tuorli d'uovo
- 100g di zucchero
- 200gr di mascarpone
- 50ml di panna
- 100ml di caffé
- 20 savoiardi
- Cacao amaro in polvere

Metodo

1

Mischiate i tuorli d'uovo e lo zucchero in una ciotola con un frullatore a immersione.

In un’altra, sbattete il mascarpone con la panna per circa 20 minuti. Fate raffreddare entrambi I composti in frigo.

2

Unire le uova e la panna. Mettete di nuovo in frigo a raffreddare.

3

Versare il caffé in una ciotola. Immergete la metà dei savoiardi nel caffé e lasciateli per un po’ in modo da far prendere loro sapore. Successivamente metteteli in un piatto dove avete sparso un po’ di zucchero.

Sul lato superiore spalmate il composto di mascarpone e uova. Mettete l’altra metà di savoiardi nel caffé e poi metteteli sopra la crema. Fate un altro strato seguendo lo stesso schema e coprite l’ultimo strato di crema con del cacao in polvere.

Crostata di amarene

Preparazione: 2 ore e mezza

Difficoltà: media

Porzioni: 4

Ingredienti

100g di burro

50gr di zucchero

200g di farina 00

2 uova

1 limone

100gr di mandorle

200gr di amarene

Metodo

1

Fate l'impasto mischiando la farina, il burro, lo zucchero, il sale e due uova. Fatelo riposare per circa un'ora, in modo che rimanga morbido e maneggevole.

2

Fate sciogliere il burro in una padella.

Sbattete assieme le uova rimanenti, lo zucchero e un po' di buccia di limone. Dovete comporre una crema. Versateci sopra il burro fuso e continuate a sbattere. Alla fine versate le mandorle.

3

Mettete l'impasto in una teglia da crostata e tagliate I bordi in modo da ricavare una forma perfetta. Mettete sopra le amarene e un po' del loro succo.

4

Riscaldate il forno a 200 gradi.

Mettere la crostata nel forno e far andare per circa un'ora e mezza fin quando la superficie è dorata.

Panna cotta al cioccolato

Preparazione: 20 minuti

Difficoltà: facile

Porzioni: 4

Ingredienti

- 100ml di latte
- 20ml di colla di pesce
- 200ml di panna
- 50g di zucchero di canna
- Cioccolato fondente fuso
- Scaglie di cioccolato

Metodo

1

Iniziate mischiando il latte, la panna e lo zucchero facendo attenzione a non formare grumi. Se avete dello zucchero bianco o dello zucchero semolato va bene lo stesso, potete aggiungerlo.

2

Versare la colla di pesce in un contenitore.

Mettere a bollire il latte mischiato e poi toglierlo dal fuoco. Fate raffreddare un po' e poi versate dentro la colla di pesce. Mettere in delle tazzine in frigo a raffreddare per un'ora.

3

Quando saranno raffreddate per bene, prendere le tazzine e rovesciarle su un piatto. Versare sopra il cioccolato fuso e le scaglie per dare un po' di croccantezza.

Panna cotta ai frutti di bosco

Preparazione: 25 minuti

Difficoltà: facile

Porzioni: 2

Ingredienti

- 50ml di latte
- 20ml di colla di pesce
- 100ml di panna
- 20g di zucchero di canna
- Frutti di bosco (lamponi, more, mirtilli)
- Marmellata di frutti di bosco

Metodo

1

Iniziate mischiando il latte, la panna e lo zucchero facendo attenzione a non formare grumi. Se avete dello zucchero bianco o dello zucchero semolato va bene lo stesso, potete aggiungerlo.

2

Versare la colla di pesce in un contenitore.

Mettere a bollire il latte mischiato e poi toglierlo dal fuoco. Fate raffreddare un po' e poi versate dentro la colla di pesce. Colare il composto in dei vasetti di piccole dimensioni e poi riponeteli in frigo a raffreddare per un'ora.

3

Quando saranno raffreddate per bene, prendere le tazzine e rovesciarle su un piatto. Versare sopra I frutti di bosco ed eventualmente un po' di marmellata per servire.

Baci di dama

Preparazione: 40 minuti

Difficoltà: facile

Porzioni: 4 persone

Ingredienti

- 200gr di mandorle pelate
- 100g di burro
- 50gr di zucchero
- 100g di farina 00
- 200gr di cioccolato fondente in scaglie

Metodo

1

Mettere le mandorle in un frullatore o un mortaio e pestarle a lungo fino a ridurle in briciole.

A questo punto aggiungete lo zucchero, il burro e andate avanti a pestare il composto aggiungendo un po' d'acqua. Alla fine deve risultare cremoso.

2

Mettere la crema in un recipiente. Spargete sopra la farina con un setaccio, mescolare per bene e mettere in frigo a raffreddare.

3

Oliare una teglia da forno.

Dividere l'impasto in palline della dimensione di una noce e metterle sulla teglia. Cuocerle per 20 minuti.

4

Mettete le scaglie di cioccolato in un pentolino e cuocete a fuoco lento per circa 15 minuti, stando attenti a non farlo condensare (mescolate sempre con un mestolo di legno).

Dividete in due I biscotti e spalmate il cioccolato su entrambi le superfici, poi unirli. Metteteli in frigo a raffreddare per mezz'ora.

Cannoli

Preparazione: 50 minuti

Difficoltà: media

Porzioni: 4

Ingredienti

- 400g di farina
- 1 cucchiaio di zucchero
- 2 cucchiaino di cacao in polvere
- 100gr di burro
- 2 uova
- 40ml di vino bianco
- Olio d'oliva
- 100g di cioccolato fondente
- 300gr di ricotta
- 100g di mascarpone
- 20gr di canditi

Metodo

1

Mettere farina, zucchero e cacao in un contenitore. Poi mettere il burro e mischiare il tutto. A parte mescolare l'uovo con il vino bianco e versarlo, assieme a un po' di zucchero e sale, nell'impasto fino a ottenere un composto omogeneo e vellutato. Farlo raffreddare in frigorifero.

2

Mettete dell'olio di oliva in una padella e scaldatelo fino a 160 gradi. Mettete la pasta su una superficie liscia e stendetela in una sfoglia sottile. Create la forma dei cannoli con un cerchio di pasta largo 10 centimetri e avvolgetelo attorno a uno stampino apposito. Poi metteteli nell'olio a friggere.

3

La frittura dovrà durare circa un minuto. I cannoli dovranno risultare dorati e leggermente bruciacchiati ai bordi. Toglieteli dall'olio facendo attenzione a non scottarvi e metteteli su un foglio di carta da cucina.

4

Una volta asciutti, inserire il composto di ricotta e mascarpone e decorare con cioccolato e canditi.

Pandoro al limone e pistacchi

Preparazione: 15 minuti

Difficoltà: facile

Dosi per 8 persone

Ingredienti

- 100ml di panna
- 250g di mascarpone
- 2 limoni
- 4 cucchiai di zucchero a velo
- 1 pandoro
- 100gr di pistacchi

Metodo

1

Mettere In un contenitore la panna, il mascarpone, la scorza di limone e lo zucchero. Mischiate il composto fin quando non si forma una spuma, poi aggiungete I pistacchi sbucciati e sbriciolati.

2

Fate otto fette col pandoro. Su ciascuna di esse spalmare il composto unito a una parte dei pistacchi sbriciolati e alcuni interi. Spremere del succo di limone.

3

Stratificate per otto volte, spalmando ogni volta le fette col composto. Completate con una spolverata di zucchero a velo.

Polenta dolce al mirtillo

Preparazione: 45 minuti

Difficoltà: facile

Dosi per 4 persone

Ingredienti:

- 200gr di burro
- 225g di zucchero di canna
- 3 uova
- 150gr di polenta
- 20gr di farina 00
- 1 cucchiaino di lievito
- scorza finemente grattugiata di 1½ limone
- 100g di mirtilli
- 100g di Philadelphia
- 50ml di panna
- Scorza di limone grattugiato

Metodo

1

Spargere una noce di burro su una teglia.

Montare a neve il burro e lo zucchero fino a creare un composto cremoso. Poi aggiungere l'uovo e continuare a mescolare fin quando si sarà amalgamato.

2

Fare un impasto con la polenta, la farina e il lievito. Aggiungere la scorza di limone. Versare sulla teglia la crema di polenta e spremere sopra alcuni mirtilli, in modo da colorare il composto. Mettere in forno e cuocere per 15 minuti.

3

Dopo la cottura, tirare fuori la polenta e mettere sopra alcuni mirtilli interi. Rimettere in forno per altri 15 minuti. Poi estrarre, spolverare di zucchero a velo e fate raffreddare in frigorifero.

4

Mescolare la philadelphia con la panna e mettete ancora un po' di limone. Spalmare la crema sopra la polenta. Mettere altri mirtilli e spolverare con lo zucchero a velo.

Panna cotta alla fragola

Preparazione: 25 minuti

Difficoltà: facile

Porzioni: 2

Ingredienti

- 50ml di latte
- 20ml di colla di pesce
- 100ml di panna
- 20g di zucchero di canna
- 50gr di fragole
- Marmellata di fragole

Metodo

1

Iniziate mischiando il latte, la panna e lo zucchero facendo attenzione a non formare grumi. Se avete dello zucchero bianco o dello zucchero semolato va bene lo stesso, potete aggiungerlo.

2

Versare la colla di pesce in un contenitore.

Mettere a bollire il latte mischiato e poi toglierlo dal fuoco. Fate raffreddare un po' e poi versate dentro la colla di pesce. Colare il composto in dei vasetti di piccole dimensioni e poi riponeteli in frigo a raffreddare per un'ora.

3

Quando saranno raffreddate per bene, prendere le tazzine e rovesciarle su un piatto. Versare sopra le fragole ed eventualmente un po' di marmellata di fragole per servire.

Meringa al limone

Preparazione: 3 ore

Difficoltà: media

Dosi per 10 persone

Ingredienti

- 400gr di burro
- 400gr di zucchero semolato
- 50gr di zucchero di canna
- 100gr di farina 00
- 6 uova
- 10gr di farina di mais
- 1 cucchiaino di lievito
- 10gr di scorza di limone
- 1 limone

Metodo

1

Imburrate una teglia.

In una pentolino versare un litro d'acqua e lo zucchero di canna. Far bollire fin quando non avrà raggiunto la consistenza di una crema, almeno per 20 minuti.

2

In una ciotola sbattete lo zucchero semolato e il burro con una frusta fino ad avere una spuma leggera. Mettete un cucchiaio di farina e continuate a mischiare, poi aggiungete a poco a poco anche le uova continuando a mischiare. Aggiungere dell'acqua per mischiare meglio il composto.

3

Fare un composto con burro, scorza di limone, farina di mais e sale.

Versare lo sciroppo di zucchero caramellato. Mettere il composto sulla teglia e sformarlo per bene in pezzi di uguale misura. Cuocere in forno per 30 minuti.

4

Tagliare il limone a fette. Versare un po' d'acqua e zucchero di canna in una padella e fate bollire. Poi quando l'acqua bolle mettere dentro le fette di limone e fatele bollire per 15 minuti in modo da farle caramellare.

5

Con un cannello da cucina bruciacchiare la parte superiore della meringa e mettere a decorazione le fette di limone caramellate.

Torta gelato al tiramisù

Preparazione: 60 minuti

Difficoltà: facile

Dosi per 4 persone

Ingredienti

- 250 gr di burro
- 115g di zucchero semolato
- 6 cucchiai di rum
- 60g di cioccolato fondente
- 100ml di panna
- 10 cucchiai di caffé
- 100g di zucchero
- 100gr di biscotti Savoiardi

Metodo

1

Imburrare una teglia. Montare il mascarpone, il burro, la panna e poi aggiungere il cioccolato fondente poco alla volta.

2

Mettete sul fuoco la moka per il caffé. Versate in una tazza con il rum e mescolate per bene.

3

Uno per volta, immergere I savoiardi nella miscela di rum e caffé bollente, farli bagnare per bene in ogni lato. Devono rimanere caldi anche quando si prepara il tiramisù.

Disponeteli orizzontalmente sulla teglia.

4

Mettete I biscotti rimanenti nel caffé al liquore. Spalmate la crema e piegare I savoiardi uno sopra l'altro, avendo cura di pulire I bordi dalla panna in eccesso.

Spolverare con cacao amaro e servire.

Torta di ricotta salata

Preparazione: 50 minuti

Dosi per 6 persone

Ingredienti

- 4 melanzane
- 4 pomodori secchi
- Basilico qb
- Uno spicchio d'aglio
- 20gr di basilico
- 200gr di ricotta
- 50g di farina 00
- 400ml di latte

Metodo

1

Mettete abbondante olio in una padella, metteteci un spicchio di aglio e fate bollire fino a doratura. Togliete l'aglio.

2

Nel frattempo tagliate a strisce le melanzane dopo averle lavate. Dopo aver tolto l'aglio mettete le melanzane in padella e fatele cuocere per circa 10 minuti a fuoco medio, standо attenti a non farle bruciare.

3

Fare un impasto di latte, ricotta, pomodori secchi e foglie di basilico tritate. Aggiungere man mano acqua di cottura. Quando le melanzane sono cotte, versate il composto nella padella e fate cuocere assieme per circa 5 minuti.

5

All'ultimo, mettete la farina in maniera graduale in modo da rendere più granuloso il piatto.

Tirare fuori dal fuoco, far raffreddare e servire con una spolverata di parmigiano a piacere.

Torta alla crema

Preparazione: 1 ora e 10 minuti
Difficoltà: media

Porzioni: 8 persone
Ingredienti

- 100gr di burro
- 100gr di zucchero
- 8 uova
- 2 tazze di farina 00
- 1 tazza di latticello
- 1 cucchiaino di estratto di vaniglia
- 20gr di nocciole
- Un cucchiaio di zucchero a velo

Metodo

1

Mettete il burro su tre stampi a forma rotonda in modo da non far attaccare l'impasto. Spargere anche un po' di farina.

2

Versate in un contenitore lo zucchero, il burro e la farina. Mischiate e cercare di creare un composto il più cremoso possibile. Quando avrà raggiunto la consistenza desiderata, versate le uova (solo il tuorlo) e la bacca di vaniglia.

3

Mischiate le nocciole con la parte rimanente di farina e il burro. Create un impasto cremoso e versatelo assieme alla pasta con la vaniglia.
Fate degli strati di crema alternata con il latticello.
Per lo spessore regolatevi come credete, in modo da dare la giusta consistenza. Mischiate anche una certa quantità di nocciole tritate.

4

Versate tutto negli stampi a forma circolare e infornate in un forno preriscaldato a 200 gradi.
Cuocete per circa 40 minuti. Tirate fuori le torte, fatele raffreddare e spargete sopra zucchero a velo.

Torta al cioccolato

Preparazione: 1 ora
Difficoltà: media

Porzioni: 8 persone
Ingredienti

- 100gr di burro
- 100gr di zucchero
- 8 uova
- 2 tazze di farina 00
- 1 tazza di latticello
- 100 gr di cioccolato fondente
- 50gr di cacao amaro in polvere
- 20gr di nocciole

Metodo

1

Mettete il burro su tre stampi a forma rotonda in modo da non far attaccare l'impasto. Spargere anche un po' di farina.

2

Versate in un contenitore lo zucchero, il burro e la farina. Mischiate e cercare di creare un composto il più cremoso possibile. Quando avrà raggiunto la consistenza desiderata, versate le uova (solo il tuorlo) e le scaglie di cioccolato fondente precedentemente sciolte in un pentolino.

3

Mischiate le nocciole con la parte rimanente di farina, il burro e il cacao amaro. Create un impasto cremoso e versatelo assieme alla pasta col cioccolato.

Fate degli strati di crema alternata con il latticello. Per lo spessore regolatevi come credete, in modo da dare la giusta consistenza. Mischiate anche una certa quantità di nocciole tritate.

4

Versate tutto negli stampi a forma circolare e infornate in un forno preriscaldato a 200 gradi. Cuocete per circa 40 minuti. Tirate fuori le torte, fatele raffreddare e spargete sopra cacao amaro.

Pizza di Pasqua marchigiana

Preparazione: 1 ora e 30

Difficoltà: media

Porzioni: 10

Ingredienti

- 10 salsicce
- 100gr di pane
- 1 mozzarella fior di latte
- 100gr di prosciutto crudo
- 100gr di salame
- 50gr di ricotta
- 10 uova
- 20gr di zucchero
- 20g di parmigiano

Metodo

1

Togliete il budello dalla salsiccia e sbriciolatela. Mettetela in una padella con olio e aglio e fatela soffriggere.

2

Lavorate la pasta di pane mettendola in un piano di lavoro infarinato e trasferitela in una teglia.

Mettetela in una forma e tagliate I bordi in eccesso.

3
Iniziate a comporre degli strati sopra la pasta, composti da salsiccia, mozzarella, prosciutto e salame. Gli strati devono essere ben alternati e non deve colare condimento. Mettete in forno a 200 gradi e cuocete per 1 ora.

4
Tirate fuori la pizza dal forno e fatela raffreddare. Fate un impasto con ricotta, uova, zucchero e parmigiano. Spalmate il composto all'esterno della pizza e rimettete in forno per altri 10 minuti per fare glassare per bene.

5
Toglietela dal forno, fatela raffreddare e servitela con degli zuccheri colorati sulla superficie.

Torta di riso

Preparazione: 1 ora

Difficoltà: media

Porzioni: 10

Ingredienti

- 100gr di zucchero
- 200 gr di ricotta
- 5 uova
- 1 bacca di vaniglia
- 200ml di panna
- 100gr di riso Carnaroli

Metodo

1

In un recipiente montate a neve le uova e lo zucchero usando una frusta.
Aggiungete la panna e la bacca di vaniglia e continuate a mischiare.

2

Utilizzate parte della restante panna per fare una crema con la ricotta. Per una versione col cioccolato potete metterne un po' adesso.

Unite le due creme con il riso fatto cuocere in precedenza in abbondante acqua salata.

3

Mettete il composto in uno stampo e trasferitelo in una teglia ben oliata.
Fate cuocere per circa 40 minuti controllando di tanto in tanto la cottura. Lo strato superiore deve diventare una crosta colorata.

Torta di fragole

Preparazione: 20 minuti
Difficoltà: facile

Porzioni: 8

Ingredienti

- 100gr di fragole mature
- 100gr di zucchero di canna
- 1 limone
- 20gr di mascarpone
- 10ml di rum
- 8 uova
- 1 bacca di vaniglia
- 100gr di pan di spagna

Indicazioni

1

In un recipiente tagliate a fette le fragole e annaffiatele con zucchero e succo di limone. Le fragole dovranno espellere il loro succo che diventerà una crema.

2

Mischiare il mascarpone, il rum e un po' di zucchero.
Rompete le uova in una ciotola e mischiatele con la bacca di vaniglia.

3
Versate il composto in uno stampo.
Mettete sopra la crema al mascarpone, e sopra ancora le fragole con il loro succo.
Mettete l'impasto in una teglia e infornate per circa 20 minuti.

Cheesecake all'anice

Preparazione: 45 minuti

Difficoltà: facile

Dosi: 4 persone

Ingredienti

- 20ml di Sambuca
- 80gr di burro
- 1 anice stellato
- 10 biscotti sbriciolati
- 400gr di Philadelphia
- 4 uova
- 100ml di panna
- 10gr di farina 00
- 1 bacca di vaniglia
- 100gr di zucchero

Metodo

1

Mettete in ammollo la sambuca e l'anice stellato in un bicchiere, in modo da farlo insaporire il più possibile.

Mettete il burro in una padella e fatelo sciogliere, poi aggiungete I biscotti sbriciolati. Questo composto sarà la base per la torta.

Prendete una tortiera larga circa 20cm. Inserite il composto di burro e biscotti alla base, cercando di livellare per bene con una spatola.

3

In una ciotola mescolate le uova, la panna, la bacca di vaniglia, lo zucchero e la farina. Il composto che ne deriva dev'essere molto cremoso.

Togliete l'anice stellato dal bicchiere e versate la Sambuca nel composto. Continuate a mescolare.

4

Spalmate il composto sulla base di biscotto sbriciolato. Mettete in forno per 20 minuti e servite.

Torta italiana al limone

Preparazione: 45 minuti
Difficoltà: facile

Porzioni: 8
Ingredienti

- 50ml di latte
- 8 uova
- 100gr di burro
- 1 bacca di vaniglia
- 30gr di Philadelphia
- 20gr di zucchero di canna
- 4 limoni
- 20ml di panna

1

Sciogliete il burro in una padella assieme a un pezzo di bacca di vaniglia e un po' di buccia di limone grattugiata.

2
Mischiate il latte, il burro, lo zucchero e le uova e create un'emulsione che sia soffice e gustosa.

Attenzione a non esagerare con la vaniglia.

Versate la crema in uno stampo.

3

Infornate la teglia e cuocete per 30 minuti.

Fate una miscela col formaggio, il latte, lo zucchero e la panna. Aggiungete alla fine il succo di 4 limoni. Eventualmente aggiungete anche ulteriore zucchero.

4

Tagliate in orizzontale la torta come un panino e spalmate la crema di limone all'interno e all'esterno, usando una spatola. Spolverate con zucchero a velo.

Biscotti ai fichi

Preparazione: 45 minuti

Difficoltà: media

Porzioni: 10

Ingredienti

- 100gr di farina 00
- 50gr di zucchero
- 1 cucchiaino di lievito in polvere
- 30gr di burro
- 20ml di latte
- 2 uova
- 50gr di fichi secchi
- 10gr di uva passa

Indicazioni

1

Mescolate la farina, il latte e lo zucchero in un recipiente.
A poco a poco aggiungete le uova e la bacca di vaniglia, continuando a mischiare.
Tagliatelo in quattro pezzi e lasciatelo raffreddare

2
Tritate l'uva passa e I fichi secchi in un mortaio o con un frullatore a immersione, aggiungendo acqua

e zucchero. Mettete a scaldare in una padella e aggiungete un pizzico di sale.

3

Prendete la pasta divisa in 4 pezzi e fate tanti ritagli rettangolari di circa 5 centimetri.
In ogni rettangolo spalmare un cucchiaio di ripieno avendo cura a non farlo uscire dai bordi.
Chiudete i biscotti e metteteli in una teglia imburrata. Cuoceteli per 25 minuti in forno.

CPSIA information can be obtained
at www.ICGtesting.com
Printed in the USA
BVHW082316030521
606340BV00007B/1694